与上帝和好

RIGHT *with* GOD

—

迈克尔·里弗斯（Michael Reeves） 著

赵然 译

Right with God

© 2024 by Michael Reeves

Originally Published by Union Publishing

Bryntirion House, Bridgend, CF31 4DX, UK

与上帝和好

作者：迈克尔·里弗斯（Michael Reeves）

翻译：赵然

编辑：甘霖

ISBN：978-1-965805-49-7

eBook ISBN：978-1-965805-50-3

除非特别说明，本书所有经文均引自和合
本圣经。

在现代生活的压力和焦虑下，人们内心隐藏着一些古老的问题："我够好吗？"和"我够努力吗？"这些问题困扰着一些人，驱使着另一些人，也使许多人在消耗中变得冷漠麻木，甚至陷入绝望。本书的内容既通俗易懂又真实可靠，作者迈克尔·里弗斯揭露了我们问题的根源，并指明我们无法靠着自己来解决问题。接着，他简洁而引人入胜地为我们指明了基督教福音中那足以改变生命的救赎之道。《与上帝和好》虽然简短，却蕴含着永恒的信息。

——辛克莱·傅格森（Sinclair B. Ferguson），改革宗神学院院长，系统神学教授；林格尼尔福音事工教学伙伴

一把小小的钥匙可以打开通往自由的大门。里弗斯博士的文笔极为精湛，他的这篇小论文牢牢把握住了上帝的应许，即唯独

借着相信基督罪人被称为义，这是上帝白白的恩典。愿上帝使用它给许多人带来灵里的自由。请购买这本通俗易懂、广受好评的书，并将它送给尚未信主的朋友、已得救但仍在寻求确据的弟兄姊妹，以及根基稳固的信徒，好坚固他们的信心。

——周毕克（Joel R. Beeke），美国密歇根州大急流城清教徒改革宗神学院院长

也许再没有比"我与上帝和好了吗？"更重要的问题了。这本实用的书探讨了上帝自己如何在圣经中回答了这个重要的问题。愿读者们在阅读时能对"因信称义"的教义重新感到惊叹，更愿更多的人（或许包括你）能体会与上帝和好的喜乐。

——马特·博斯韦尔（Matthew Boswell），美国德克萨斯州塞莱纳小径教会牧师；赞美诗作者

目　录

基要真理系列
丛书前言

简单来说，这套丛书介绍了福音中一些毋庸置疑的基要真理。

到底是哪些真理呢？我们来看看使徒保罗在写给罗马人的书信中的开篇是怎么说的：

> 耶稣基督的仆人保罗奉召为使徒，特派传上帝的福音。这福音是上帝从前藉众先知在圣经上所应许的，论到他儿子我主耶稣基督。按肉体说，是从大卫后裔生的；按圣善的灵说，因从死里复活，以大能显明是上帝的儿子。
>
> （罗 1:1-4）

对保罗来说，福音是以上帝为中心的信息，即"上帝的福音"。它是一个三位一体的信息：父借着圣灵的能力启示他的儿子。它源于圣经，即"在圣经上"所应许的。它聚焦于上帝的儿子耶稣基督及其救赎工作。这信息更在圣灵重生的大能中发挥作用，带来实际的果效。换言之，基督的福音乃是关乎父、子与圣灵以及他们在启示、救赎与重生中之作为的好消息。①

---

① 该图表及对其的解释首次见于 Michael Reeves, *Gospel People: A Call for Evangelical Integrity* (Wheaton, IL: Crossway, 2022), 20, 119。

这些真理都是相互关联的，它们共同构成了我们荣美的、合乎圣经的、三位一体的、以基督为中心的、圣灵所成就的好消息。这套丛书简明地概括了福音信息，帮助读者重新认识福音的真正含义。这十本小书涵盖了福音中的基本主题，如图中两个内圆所示。

每本小书都探讨了一个主题，但这套丛书的目的不仅仅是传达书中的内容。毕竟，福音不仅仅是启示，更是关乎**救赎**和**重生**的启示。因此，愿你在阅读这套书时生命得着更新，来敬拜和享受那位"可称颂、荣耀之上帝"（提前1:11）。

迈克尔·里弗斯（Michael Reeves）

丛书编辑

"人生有意义吗？"

有。

"我有价值吗？"

有。

"我能得到饶恕吗？"

能。

"我能得到理解和爱吗？"

当然，当然，当然。一百万次，当然！

这是位俯就卑微的主。他伸出手，轻声说："不要怕。"

他就是耶稣！

——艾玛·斯克里文纳（Emma Scrivener），《焕然一新：恩典与治愈如何带我走出厌食症》（*A New Name: Grace and Healing for Anorexia*）

第一章

使人得自由的爱

你如何才能让他人爱你、接纳你？你需要让自己更有吸引力，对吧？你要让自己更可爱、更有魅力。这正是所有广告向我们灌输的，社交媒体更是无休止地重复着这套说辞。

然而，对于上帝来说，情况恰好相反。在上帝眼中，失丧破碎的人"是可爱的，因为他们蒙爱；他们蒙爱并非因为他们可爱"（正如马丁·路德所言）。换句话说，上帝爱人并非因为人已经完全；他爱的是失丧者，正是这爱使他们焕发生机。

这是一本关于如何与上帝和好的书。本书探讨的正是基督教福音的核心要义：称义。

千百年来，有无数的见证表明：凡明白这真理的人，都尝到了一种难以言喻的甘甜自由。丁道尔（William Tyndale）称之为"欢欣、喜乐、佳美的福音，使人充满喜乐，禁不住歌唱、舞蹈、欢欣雀跃"。托马斯·比尔尼（Thomas Bilney）发现这真理赐予他"奇妙的安慰与安宁，以至于我受伤的骨头都欣然跳跃"。查尔斯·卫斯理（Charles Wesley）如此歌颂道："锁链脱落，心灵自由；我起身前行，追随于你。"

如果你尚未得着，惟愿你今日就能经历这样的自由。

如何才能进入天堂？

年轻的马丁·路德不知道该如何才能与上帝和好，这让他很痛苦。不过，这实在不能怪他：他从小就被灌输，想要与上帝和好，唯有通过内在品格的修炼。也就是说，上帝将他的恩典浇灌在我们心里，使我们的心逐渐变得更圣洁、更配上天堂，逐渐变得更加公义（或称"称义"）。

这些教导本意绝非使人痛苦——恰恰相反！"只要你尽力了，上帝就一定会施恩于你。"一位神学家如此安慰他。但路德仍然不能确定：自己已经尽力了吗？他是否已经被"称义"？或者说，已经足够完全，可以进入天堂了？如果他突然去世了怎么办？他能达到进入天堂的公义标准吗？

"我愿意成为一名修士"

在路德21岁去上大学的路上，他的信仰受到了考验。在一场突如其来的狂风暴雨中，一道闪电把他击倒在地。对死亡和身后命运的恐惧抓住了他，他大声喊道：

"圣安妮救我！我愿意成为一名修士！"
他不敢向上帝呼求，圣洁的上帝怎么会垂
听他这样的罪人？于是，他向马利亚的母
亲圣安妮祈求，希望她能为自己向马利亚
美言几句，然后马利亚能在耶稣面前替他
求情。

就这样，年轻的马丁在暴风雨中幸存
下来，并开始了自己的修士生活。从某种
意义上来说，他喜欢这种生活。他深深惧
怕死后站在审判他的上帝面前。但做修士
给了他一个在他看来千载难逢的机会：他
以为这样就能让自己更蒙上帝的悦纳，从
而——或许——换取上帝的爱。

于是他这么做了。他每隔几个小时
就会离开狭小的修道室，前往小教堂做
礼拜：从子夜时分的晨祷开始，然后是
清晨六点的早祷，九点的第三时辰祷，
正午的午时祷，等等。他常常连续禁食
三天，甚至甘愿在寒冬中刻意忍受冰冻

之苦，只为讨上帝的喜悦。在告解时，他会让听告解的神父疲惫不堪，因为他每次总要花六个小时来细数自己最近所犯的罪。

"但我足够好吗？"

然而，路德越这样做就越困惑。他足够忠心吗？他的动机正确吗？路德发现自己陷入了更深的自我反省中。他开始意识到，比起行为，自己在道德上的污秽和在上帝眼中的不堪才是更大的问题。他逐渐认识到自己是个完全封闭、本性自私的人。他的一切善行和宗教行为都只是在掩盖问题，而非解决问题。

更可怕的是，修士路德开始将上帝视为一个毫无爱心的暴君——苛求完美，只知惩罚。"虽然我作为修士过着无可指摘的生活，但在上帝面前，我仍自觉罪孽深重，良心备受煎熬。"他后来写道："我非但不爱那位惩罚罪人的公义上帝，反倒憎恨他。虽然不敢公然亵渎，但我确实满腹怨怼，暗自与他为敌。"

正是在那至暗之境，他竟找到了喜乐的泉源。

"我开始明白了"

在修道室里研读圣经时，路德苦苦思索使徒保罗在《罗马书》1章17节中所写的这段话：

> 因为上帝的义正在这福音上显明出来；这义是本于信，以致于信。如经上所记："义人必因信得生。"

这到底是什么意思？"上帝的义"到底是什么？难道因为上帝是公义的，而我不是，所以我不能与他在一起吗？这就是路德的思考。但在"最后"，他写道：

> 我开始明白：上帝的义是本
> 于上帝的恩赐，即义人是因信得
> 生。

"他先爱了我"

这种认识改变了一切，好像彻底颠覆了路德的整个世界。他终于明白：上帝并非要我们以任何方式**赚取**他的爱与接纳。上帝的义是他赐给我们的**恩典**。只要单单凭信心就可以被上帝接纳、饶恕，叫我们与他和好。我们并不能靠善行换取上帝的恩宠。

路德在圣经中发现了真正的福音：一位仁慈慷慨的上帝，他并不要求人先变得可爱才爱他们，而是他先主动去爱他们。路德明白，他不再需要依靠自己行善的努力，只需要单单相信上帝的应许。如此一来，他所有的挣扎与焦虑都被喜乐的信心与平安取代了。"就在这一刻，"路德狂喜地说，"我感觉自己完全重生了，像是通过敞开的大门进入了天堂。"

思考与讨论

1) 广告和社交媒体中对吸引力的描绘与爱的概念有何不同？

2) 上帝对失丧和破碎之人的爱有何意义？

3) 像丁道尔、托马斯·比尔尼和查尔斯·卫斯理这样的历史人物如何描述他们的称义经历？

4) 认识和接受称义的真理会带来哪些情感与灵性上的转变？

第二章

因信称义改变了一切

路德在读《罗马书》时生命发生了翻转。让我们深入地了解其中的细节。

保罗给罗马人的信深刻地阐明了这位使徒对如何与上帝和好的核心理解。在前三章，保罗指出，我们所有人都犯了罪，并将受到上帝的审判。"没有义人，连一个也没有。"（罗3:10）

但且慢，还有更重要的一点：

因为世人都犯了罪，亏缺了上帝的荣耀，如今却蒙上帝的恩典，因基督耶稣的救赎，就白白地称义。（罗 3:23-24）

那么，保罗所说的"称义"是什么意思呢？在《罗马书》4章1至8节，他以亚伯拉罕这位信心之父为例继续给出解释：

> 如此说来，我们的祖宗亚伯拉罕凭着肉体得了什么呢？倘若亚伯拉罕是因行为称义，就有可夸的，只是在上帝面前并无可夸。经上说什么呢？说："亚伯拉罕信上帝，这就算为他的义。"作工的得工价，不算恩典，乃是该得的；惟有不作工的，只信称罪人为义的上帝，他的信就算为义。正如大卫称那在行为以外蒙上帝算为义的人是有福的。他说："得赦免其过、遮盖其罪的，这人是有福的；主不算为有罪的，这人是有福的。"

亚伯拉罕并没有什么可夸的。他在

上帝面前称义，并非因他自己真正行出了义。相反，上帝显明自己是施恩的上帝，他"称罪人为义"（5节）。正如《创世记》15章6节（上文的3节已引用）所示，亚伯拉罕并不是靠自身的努力追求公义，而是单单"信上帝"，就被算为义了。

如此说来，称义就是一个罪人蒙上帝恩慈地宣告"为义"。是被**宣告**为义，而不是逐渐转变为义。称义绝非意味着"**变得更公义**"。毕竟，"称义"是个法律术语，是法官在法庭上宣判"有罪"或"无罪"时的司法用语。

或者想想我们平常是如何使用这个词的。比方说，你的父亲撞见你在做一件看起来不太好的事情。你父亲是个公正的人，他没有直接责骂你，而是说："你能解释一下吗？你能否为你刚才的行为作出合理的解释？"他在要求什么？他并不是要你回到过去改正自己的行为——这绝非

"称义"的真义。他在要求你为自己的行为辩护——证明那是正当合理的事，即便它看起来并非如此。称义关乎评估、宣告和判决。

在圣经中也一样。当上帝宣告我们在他面前拥有义的地位这一**判决**时，我们就被称义了。在圣经中，义人不是有很多善行或从未犯过罪的人。保罗说："惟有**不作工**的，只信称罪人为义的上帝，他的信就算为义。"（5节）义人不是那些自我完善的人，而是上帝宣告"为义"的不敬虔的罪人。称义的意思是"在行为以外蒙上帝算为义的人是有福的"（6节）。

保罗接着引用大卫在《诗篇》32篇中的话来证明他的观点：

得赦免其过、遮盖其罪的，

这人是有福的；主不算为有罪的，

这人是有福的。（7-8节，引自诗

32:1-2）

大卫看到，蒙福的人不是没有罪的人，而是那些罪被"遮盖"、过犯被主赦免、主不算为有罪的人。

我生平第一次明白：基督已亲自担当了我的罪孽，为我所有的过犯承担了罪责。这全部的污秽罪孽都倾倒在他的无罪之身上，而他也甘愿承受，为要使我得自由。

我毫不羞愧地承认，这种牺牲的爱彻底击垮了我。我曾以为自己很坚强，但此刻却泪流满面。

——迈可·格林（Michael Green），《福传的喜乐：布道的激情与策略》（*Compelled by Joy: The Reflections of a Lifelong Evangelist*）

思考与讨论

1）路德对《罗马书》的解读如何影响他对与上帝和好的理解？

2）保罗在《罗马书》前三章中关于人的罪与定罪的核心信息是什么？

3）在《罗马书》4章中，保罗如何用亚伯拉罕的例子来解释"称义"的概念？

4）在圣经语境中，"称义"一词的含义是什么？它与靠行为称义有何不同？

5）保罗如何运用《诗篇》32篇中大卫的话来支持他"因信称义而非靠行为"的论点？

第三章

新衣

这怎么可能？上帝怎能称不敬虔的人为"义人"呢？答案简单而深刻：唯有在基督里。

耶稣在十字架上为我们承担了罪的刑罚。驻足片刻，仔细思量——这关乎你的生命。凡信他的人，**都成为他的肢体**，并经历身体所经历的一切。**我们与他同死**。我们的旧人已经与基督同钉十字架，一同埋葬了（西2:12；罗6:3）。如今定义我们过去的是他的死，而非我们的罪。

然而，在十字架之后，他的义远胜过我们的罪——他既然担当了我们的罪，死亡就再也不能拘禁他。一旦他将罪与死亡一同埋葬，死亡便无权再辖制他。当圣子如此完全地彰显了他长阔高深的爱时，圣父岂容他的爱子长眠于死地？因此，圣父为他辩护——或使他被"称义"——宣告他是生命的主（提前3:16）。

当基督被圣父证明为义/称义，并被宣告配得生命时，他就"**为叫我们称义复活了**"（罗4:25）。他成了"我们的义"（林前1:30；另参见耶23:6）。凡信他的人都是他的肢体，就同享这复活晨光中赐生命的称义。这样，**我们在他里面**得着新生命，并且成为上帝的义（林后5:21）。

因此，使徒保罗写道："为要得着基督；并且得以**在他里面**，不是有自己因律法而得的义，乃是有信基督的义，就是因信上帝而来的义。"（腓3:8-9）他视基督的义如同我们所穿的外衣。我们企图用无花果叶般的自义在上帝面前遮体，而上帝却以基督的义为衣，温柔得体地遮盖我们。如此，我们披戴基督来到天父面前。

法国改教家加尔文（John Calvin）曾用雅各的故事来阐明此真理：

> 正如雅各本不配得长子的名分，却身穿以扫的衣裳，散发着馨香之气（创27:27），以此博得父亲的欢心，最终冒名顶替蒙受了祝福。同样，我们也藏身于长子基督的宝贵圣洁之下，好叫我们在上帝眼中被验明为义。……诚然如此，因我们若要在上帝面前得救赎，就必须闻着基督的馨香之气，且让他的完全遮盖并埋葬我们的败坏。

加尔文在此选取了一个可以追溯到伊甸园的圣经主题。亚当和夏娃曾用无花果叶为自己编织遮体的衣物（创3:7），然而上帝出于慈爱，为他们披上了首只祭牲的皮衣（创3:21）。同样，我们也不必徒然地装扮自己来面对上帝：我们可以披戴基督的义，全然合宜地来到上帝面前。称义意味着来到天父面前——并非因我本有的义，乃是披戴我那位全然公义的长兄基督的义。

有人可能会提出异议，认为公义不是能从一个人传递给另一个人的东西。但基督徒并不认为耶稣是通过某种方式穿越时空将他的义传递给了我们。我们披戴他的义，是因为我们真实地与他**联合**。正如加尔文所说：

> 因此，我们并非遥望身外的基督，使他的义归算于我们；而是因我们披戴基督，被连于他的身体——简言之，他的俯就使我们与他联合。

这远比那种将称义简单地理解为上帝视我"仿佛从未犯罪"的肤浅观念更为深刻。这种文字游戏初看似乎巧妙。当我信靠基督时,最令我感恩的便是罪得完全赦免、洗净罪污。

但即使我被赦免了,也没有停止犯罪。我洁净的生命册又开始沾染污秽了。现在该怎么办?我需要**重新**被上帝称义吗?

"重新称义"这个念头本身就表明,我尚未完全接受自己**在义者基督里**的新身份。我的义,过去不是、现在也不是基于我的行为、感受或忠心;**基督才是我的义**(林前1:30)。他就是我在上帝面前的身份和地位——从昨日、今日直到永远,永不改变(来13:8)。我现今所犯的罪虽然会妨碍我**享受**基督徒的生命,却永远无法改变我在基督里的身份。

这真理将我们从社会对自信的枷锁

中解脱出来，这是何等的美妙！自信听起来当然很棒，因为它会激励我们。但如果你认为在上帝面前必须凭自信，你的情绪会起伏不定。某天你会因祷告而情绪高涨，次日又会因没有祷告而陷入低谷。周日你很平静，周一却陷入痛苦，因为你认为上帝的慈爱会因你的行为或感受而反复无常。"他爱我；他不爱我。"当我们将信心建立在自我的基础之上时，就会陷入困境。

信徒得以称义，并不是因为自身的敬虔。耶稣说："**因为我活着，你们也要活着。**"（约14:19）我若属基督，他的义和他的生命就成为我的了。因此，**所有的基督徒**——无论多么软弱——都能放胆高唱查理·卫斯理那振奋人心的诗歌：

不再定罪，没有畏惧，
尽得耶稣一切荣耀。

在基督里，为主而活，

身穿洁白公义衣袍，

坦然无惧！到宝座前，

因主得戴荣耀冠冕！

我平生第一次跪在上帝面前。我不知该如何确切表达，但在那一刻我第一次真正意识到：上帝爱我，正在等着我。

"上帝啊！"我哭喊道。"我一无所有，也一无是处。我不识字，也不会书写。"我的无能令我感到窒息。"我父母不要我。上帝啊，收留我吧，求你收留我。我为自己所做的坏事感到懊悔。耶稣啊！赦免我，此刻就接纳我吧！"

我立刻感到仿佛有沉重的负担从我的背上滚落下来。那是一种巨大的解脱和平安。我惊讶地发现，我的内心充满了喜乐。我虽是非洲数百万弃儿中的一个，但耶稣竟寻见了我。……我感觉自己获得了新生。以前的生活和恐惧都已过去，对我来说，一切都是新的了。我感受到了上帝的同在，这完全超出了我24小时之前的想象——当时我正在收集瓶子做汽油弹。

——史蒂芬·伦古（Stephen Lungu）和安妮·库姆斯（Anne Coomes），《走出黑暗阴影：史蒂芬·伦古的惊人蜕变》（*Out of the Black Shadows: The Amazing Transformation of Stephen Lungu*）

思考与讨论

1）与基督同死同复活的个人经历，如何重塑信徒过去与现在的身份认同？

2）基督的称义与复活对信徒有何重要意义？

3）加尔文如何用雅各的故事来阐释

"披戴基督之义"的概念?

4）对"基督之义归给信徒"这一概念存在哪些异议？本章是如何回应这些异议的？

5）称义是因信基督而非自信，这一理解如何能坚固信徒的情感与灵性？

第四章

惊人的交换

一个妓女怎么可能成为王后呢？或许在童话里可以，但在现实生活中绝无可能吧？

当路德开始阐释他在圣经中发现的因信称义的福音时，他讲述了基督与教会的婚姻这一贯穿圣经的宏大叙事（赛61:10-62:5；启19:6-8）。国王（代表耶稣）娶了一个贫穷、负债累累的女孩——实际上，她是一个妓女（代表我们）。女孩债台高筑，根本无力偿还，她永远不可能仅仅靠自己努力工作就能成为王后。然而，国王爱上了她。在他们结婚的那天，她对国王说："我把我的一切都给你，把我所有的都和你分享！"就这样，她和他分享了她所有的债务和耻辱。于是王也对她说："我把我的一切都给你，把我所有的都和你分享！"就这样，他自己连同自己全部的财富与王国，都属于她了。

就凭一句话，这个妓女成了王后。

这就是福音中那伟大的婚姻交换，或者说喜乐的交换。基督，我们伟大的新郎已经承担了我们所有的罪、死亡和审判，将它们钉死在十字架上，被他的宝血遮盖。然后，他把他所有的公义、福分和在他父亲面前蒙爱的身份都赐给了我们。路德说，正因如此，罪人可以满怀信心地"在死亡与地狱面前袒露自己的罪，并宣告'即使我犯了罪，但我所信的基督从未犯罪，他的一切都属我，我的一切也都属他'"。

这个故事纠正了一个常见的误解——认为信是我们为得救而必须去"做"（甚

至努力去做）的"功德"。若真如此，我们就会陷入无休止的自省：自己是否"做足"了信心的功夫。或许将这种交换称为"借上帝话语的称义"而非"因信称义"更为恰当，因为在这里起称义作用的是上帝的话语，而非我们的信心本身。我们不需要问"我有足够的信心吗？"信心就是简单地接受、领受并相信基督——有他就足够了。

我们还会看到，当我们怀疑自己与上帝的关系时，我们永远不必审视自己，看看自己有多公义，因为我们的公义在自身以外，就像衣服一样。当新郎宣读婚约誓言时，妓女惊觉自己的身份已经改变。她被封为了王后。这种身份的转变从不依赖于她内在品性的改变，仿佛她必须先有王后之仪，才能成为王后。

信徒也是如此：他们虽然会越来越像基督，却不会因此更显为义。因着一个神圣的宣告，信徒获得了全然属于基督的公义身份——这绝非他们自我修行的结果。他们仍是罪人，仍会跌倒迷失，但却拥有那位完美君王新郎的公义身份。信徒既是罪人又是义人——在本性上他们是罪人，但因基督的义他们在地位上全然为义。因此，尽管我们这些信靠基督的人内心和生活中仍残留有罪，但我们不会被定罪，除非基督与我们一同被定罪。他的一切都属于我们。

因此，和善的传道人理查·薛伯斯（Richard Sibbes）这样劝勉道：

> 我们要常常扪心自问："我是谁？"我虽然是一个可怜的罪人，但我有基督的义，就足以应对一切。我虽然软弱，但基督却是刚强，所以我在他里面也是刚强的。我虽然愚拙，但在他里面

却有智慧。我虽然缺乏，但在他
里面却是富足。他属我，他的义
也属我，就是神人基督的义。披
戴此义，我便可以免受良知、地
狱、忿怒以及任何东西的侵扰。
虽然我每日都可能犯罪，然而基
督（他属于我，又是万有之首）
的义远胜于我的罪。

在他里面刚强，在他里面有智慧，在
他里面得享平安。

"我的锁链脱落了"

约翰·班扬（John Bunyan）的《天路
历程》（*Pilgrim's Progress*）是一部伟大的
基督教文学经典。

班扬以补锅为业，惯于背着一个六十
磅重的铁砧和沉重的工具箱走村串巷。这

成为了他作品中背负着巨大罪疚感的"天路客"的原型（直到来到十字架前，重担"从肩头脱落"，他才如释重负）。

班扬年轻时与路德颇为相似：都因罪疚而陷入绝望，害怕"基督不会赦免我"。后来，他有了与路德完全一样的发现：

> 但有一天，当我穿过田野时，心中仍被罪污的阴影笼罩，唯恐自己仍未得救。突然间，有一句话临到我的内心："你的义是在天上。"我的灵眼被打开，看见耶稣基督坐在上帝的右边。我不觉惊呼，看哪！那就是我的义！所以，无论我在哪里或正在做什么，上帝都不能说"他缺乏我的义"，因为这义就在他的面前。

换句话说，他认识到：重要的并不是他自我感觉有多良好。无论感觉好或不好，

我的义就是耶稣基督自己，
昨日、今日，直到永远都不改变。
此刻，我脚上的锁链真的脱落了，
我从苦难的铁链中得了释放……
现在，我因着上帝的恩典和慈爱，
欢欢喜喜地回家去了。

思考与讨论

1）路德所用的婚姻比喻如何阐明称义的实质及信徒与基督的关系？

2）那种认为必须通过努力践行信仰才能得救的观念在哪些方面受到了挑战？

3）妓女成为王后的故事如何帮助解释

"靠上帝话语称义"而非依靠信徒自身的信心或努力的概念？

4）信徒内在生命的成长与在基督里义人的身份之间有着怎样的关系？

5）薛伯斯的劝诫如何为那些持续与罪争战、深感自己不配的信徒带来安慰？

第五章

行为与信心的关系

现在，让我们来思考几个可能存在的绊脚石，它们常常会窃取这大好消息中的部分喜乐。第一个来自圣经中的《雅各书》：

> 我的弟兄们，若有人说自己有信心，却没有行为，有什么益处呢？这信心能救他吗？若是弟兄或是姐妹赤身露体，又缺了日用的饮食，你们中间有人对他们说，"平平安安地去吧！愿你们穿得暖吃得饱"，却不给他们身体所需用的，这有什么益处呢？这样，信心若没有行为就是死的。

必有人说："你有信心，我有行为。"你将你没有行为的信心指给我看，我便藉着我的行为，将我的信心指给你看。你信上帝只有一位，你信的不错；鬼魔也信，却是战惊。虚浮的人哪，你愿意知道没有行为的信心是死的吗？我们的祖宗亚伯拉罕把他儿子以撒献在坛上，**岂不是因行为称义吗**？可见信心是与他的行为并行，而且信心因着行为才得成全。这就应验经上所说："亚伯拉罕信上帝，这就算为他的义。"他又得称为上帝的朋友。**这样看来，人称义是因着行为，不是单因着信。**妓女喇合接待使者，又放他们从别的路上出去，不也是一样因行为称义吗？身体没有灵魂是死的，信心没有行为也是死的。(2:14-26)

　　乍看之下，雅各所说的似乎与保罗的教导大相径庭！但若仔细察看雅各的论证过程，疑问便解决了。

　　雅各所说的是亚伯拉罕生平中的两件事：第一件记载于《创世记》15章，第二件记载于《创世记》22章。《创世记》15章6节（参见23节）说："亚伯拉罕信耶和华，耶和华就以此为他的义。"这正是保罗在《罗马书》4章中所引用的经文，用以佐证"因信称义"的教义。而后在《创世记》22章，亚伯拉罕在被算为义人数十年后，遵从上帝的命令，把他的儿子以撒献在坛上（参见上文21节）。

　　雅各特意强调这两段经文的目的很简单：在《创世记》22章中，那位早在《创世记》15章就被称为义的亚伯拉罕，如今被证实为真义人——正如他在《创世记》15章所表现的信心在此被证明是真实的、活泼的信心。从这个意义上来说，他是因

行为"称义"。这里丝毫看不出雅各认为
称义是一个在圣洁或公义上逐渐成长的
过程。这里是在试验亚伯拉罕的信心。他
在《创世记》22章的行为并不能促成他在
《创世记》15章已被算为义；但这些行为
确实证实了他信心的真实性。

唯有如此解读，才能明白雅各论证的
真义。毕竟，雅各认为那种只承认某些真
理的"信"（参见19节）是死的信心，不
能使人得救（参见17、26节）。活的信心
乃是对基督发自内心的信靠，这种信靠必
会表现在对上帝的爱、生命的改变以及善
行上——正如亚伯拉罕在《创世记》15章
所展现的信心，借着他在《创世记》22章
的行为证明了是活的信心。

那些如亚伯拉罕在《创世记》15章那
样信靠主的人，也将像他一般——唯独因
信称义。然而，这种活的、得救的信心，
总会结出善行的果子。唯独信心使人称

义，但这使人称义的信心从来不是孤立存在的（22节）。

思考与讨论

1）雅各在书信中对信心与行为的讨论，与保罗因信称义的教导看似有何不同？

2）雅各提到的亚伯拉罕生平中的两个关键事件是什么？这些事件如何支撑他关于信心与行为的论证？

3）雅各所说的"因行为称义"的概念与证明一个人信心的真实性有什么关系？

4）雅各如何区分"死的信心"与"活的信心"，这一区分对其传递的整体信息有什么影响？

5）如何根据雅各和保罗关于信心与行为的教导来理解"唯独信心使人称义，但这使人称义的信心从不是孤立存在的"？

第六章

我们岂可仍在罪中？

许多人对"因信称义"的另一个担忧是，它可能会淡化圣经中所有对圣洁生活的呼召。我们喜欢犯罪。上帝喜欢饶恕。如果救恩是白白的恩典，并非靠善行换取，那我们为何还要追求圣洁的生活呢？若天堂也是上帝白白的恩赐，那么基督徒岂不应该"仍在罪中，叫恩典显多吗？"（罗6:1）

但这与我们所看到的完全不同。上帝并没有直接为我们赐下公义和救恩。如果称义真是这样运作的，那我们确实可以抓住救恩后继续犯罪。但上帝赐给我们的是他的儿子耶稣基督。唯有在他里面，我们披戴他，才能拥有基督的义。我们已得着**基督**，这是我们拥有他的义的唯一原因。路德曾写道："借着信靠基督，基督的义便成了我们的义，他所有的一切也成了我们的；确切地说，**他自己成为我们的。**"

想想那个嫁给国王的妓女。是的，她得到了王国，但她嫁给国王是为了与**他**同住。同样，信徒来到基督面前，也是为了得着**他自己**——首要的并非为了得到天堂、公义、生命或任何其他的福分，而是为了得着基督，因这一切福分本就在他里面。以使徒保罗为例，这位曾如此强调"唯靠恩典得救"的作者在写给腓立比人的信中明确表示，他渴望离世并非为上天堂，而是为"与基督同在"（腓1:23）。

就像那个负债的女子在与国王同住的过程中学会如何做王后一样，信徒的生命也因认识基督并与他同住而改变。凡披戴基督之义的人，也必被基督那使人更新的

灵充满。若不与那位使你变成他形像样式
的基督联合,你就不能披戴基督的义。他
就是拯救:一切的义都在他里面,**认识他**
才是圣洁的关键。

换句话说,"唯靠**恩典**得救"不过是
"唯靠**基督**得救"的另一种表述。离了他,
就没有恩典、救恩和公义。因此,恩典具有
改变人心的大能,正如保罗所教导的:

因为**上帝救众人的恩典**已经
显明出来,**教训我们**除去不敬虔
的心和世俗的情欲,在今世自守、
公义、敬虔度日,等候所盼望的
福,并等候至大的上帝和我们救
主耶稣基督的荣耀显现。**他为我
们舍了自己,要赎我们脱离一切
罪恶**,又洁净我们,特作自己的
子民,热心为善。(多 2:11-14)

赞美上帝如此奇妙的恩典!

思考与讨论

1）唯靠恩典得救如何解决圣洁生活重要性的问题？

2）当信徒称义时，他们接受的是基督本身而非仅是他的恩赐，这意味着什么？

3）妓女与国王结婚的比喻如何说明住在基督里的改变生命的大能？

4）保罗在《提多书》2章11至14节的教导如何将上帝的恩典与改变后敬虔的生活联系起来？

5）将"唯靠恩典得救"理解为"唯靠基督得救"如何影响对基督教圣洁观的看法？

第七章

但我真能确知吗？

当你读到这里时，能否确信自己已得永生？还是你仍在寻找确据？

可悲的是，太多基督徒缺乏有永生的确据。然而，使徒约翰说得很清楚："我将这些话写给你们信奉上帝儿子之名的人，要叫你们知道自己有永生。"（约壹5:13）

要知道，如果永生完全取决于我们的行为或对忠心的感受，那我们就根本无法确知自己是否已得永生。但事实上，整本新约都假定信徒能够拥有这种确据。保罗写信给腓立比人说："你们要靠主常常喜乐；我再说，你们要喜乐。"（腓4:4）

然而，若没有在主里的确信，对自己的属灵光景心存疑虑，我又怎能喜乐呢？耶稣说："要因你们的名记录在天上欢喜。"（路10:20）同样，我若不确定自己的名字已记录在天上，又如何能欢喜呢？若不能确信自己将与基督同复活，那么新约中所有关于复活盼望的论述对我来说又有什么安慰可言呢？

唯独因信称义才是打开安慰和喜乐之门的钥匙。如果我在上帝面前的义取决于我自己和我的表现，那么我就会担忧和苦恼。上帝与我为敌吗？我与他隔绝了吗？

这种焦虑会破坏你的祷告生活。它可以抹去对上帝的一切喜乐。看到自己一团糟，而周围的人都井然有序，会让你退缩，不敢去教会，甚至不敢翻开圣经。

如果你深陷这种感受中，来听听路德给一位朋友的建议，后者纠结于是否有确据：

当魔鬼控诉我们的罪，并宣称我们该死只能下地狱时，我们应当这样回应："我承认我该死只能下地狱。那又怎么样呢？这是否意味着我将受到永远的诅咒？绝不。因为我认识一位为我受苦、为我赎罪的主。他名叫耶稣基督，是上帝的儿子。他在哪里，我就在哪里。"

这正是称义之道如此甘甜、值得我们持守的原因。这意味着我们这些深知自己黑暗污秽的人，既能完全诚实地面对自己的失败，又能因着基督而坦然无惧地亲近圣洁的上帝。想要在上帝面前**同时**拥有诚实和胆量绝非易事，而这正是唯独因信称义的真理所赐予我们的。

因罪孽深重而屡屡跌倒的信徒在基督里已被白白地称义，我们就不将信心寄托于自己。我们可以完全信靠基督和**他**完全的义。没有任何的罪孽能大过这羔羊之血的赦罪大恩，信徒皆披戴着基督。我们不必惧怕审判的日子，因为它是耶稣的日子。他是我们的朋友，已将他的义赐给我们。这个好消息为所有领受之人带来慰藉，《海德堡要理问答》对此的精彩阐释令人震撼：

> 问：基督"将来要从那里降临，审判活人死人"，这带给你什么安慰？
>
> 答：这使我在各种的忧伤迫害中，仍能昂首仰望主；基督曾经献上自己，为我接受神的审判，除去我一切的咒诅，并且还要从天降临，作至高的审判者。

诅咒解除了。我们确实可以享有坚若磐石的救恩确据。

牧师的真诚打动了弗朗西丝，她专心致志地聆听讲道。在过去的数月里，圣灵已将圣经话语的真理深深地刻在她的心中。1953年刚破晓的午夜时分，这位年轻女子遇见了永活的基督。礼拜结束时，主任牧师邀请那些愿意回应悔改祷告、相信基督的人留下来，好更多地了解基督徒的生活……

六十多年后回忆起那个夜晚，弗朗西丝说道："基督的同在如此真实……我走回住处时，真切地感受到了他的陪伴。"

——朱莉娅·卡梅伦（Julia Cameron），《斯托得的右手：弗朗西丝·怀特海德不为人知的故事》（John Stott's Right Hand: The Untold Story of Frances Whitehead）

思考与讨论

1）根据《约翰一书》5章13节，我们如何知道自己有永生？

2）行为表现或个人感受在我们的永生确据中扮演什么角色？

3）理解唯独因信称义的教义对我们的喜乐与安慰有何影响？

4）对我们在上帝面前身份地位的焦虑如何影响我们的属灵生活与实践？

5）明白基督已除去咒诅对我们在上帝面前的信心有何影响？

第八章

"哈利路亚！何等伟大的救主！"

我们爱，因为上帝先爱我们。

——《约翰一书》4章19节

事实很简单：除非你知道上帝先爱了你，否则你不会爱上帝。除非你能在安稳中享受他的同在，否则你不会爱他。因此，唯独因信称义必须是健康基督徒生活的基石。若缺此根基，你便无法活出基督徒的生命，也无法在上帝面前拥有真实的喜乐与完全。

只有当你明白上帝的怜悯何等深广，明白他是按照自己的恩慈而非你的行为来待你时，你的心才能在他里面得享安息。由此可见，称义犹如一条恩典的小径，从福音所赐的赦免开始，引领我们归向救罪的主与福音的作者——这福音的源头。它指向其自身之外的上帝。我们既因上帝的恩典向他感恩，也因他的本性何等恩慈、彰显的仁爱怜悯何其美善而赞美他，并以他为乐。

若不理解称义，我们就会认为上帝极其严厉，他只认可那些已经达到完全的人。或许上帝理应如此，但这样的上帝难以赢得我们的心。然而，在这个真理中，我们看见一位先爱了失丧者的上帝。正如路德所写：

> 上帝的爱不是寻找，而是创造那令他喜悦的。……上帝正是爱了罪人、恶者、愚拙与软弱之辈，为要使他们成为义人、良善、智慧与刚强。上帝的爱不寻求己益，乃涌流倾注，厚赐恩惠。是以，罪人之所以可爱，是因蒙上帝所爱；非因可爱才蒙爱。

路德曾说过，他憎恶那个他认为存在但毫无恩典的上帝。但在这里，他看到了一位满有慈爱的上帝，我们只能怀着欣喜的敬畏俯伏在他的面前。

来吧，罪人，贫乏困苦，
软弱受伤，病痛缠身；
耶稣已备救赎恩典，
满有怜悯、大能、仁慈。

来吧，渴者，欢然就主，
神恩浩荡，当来称扬；
真实信心，痛悔之心，
引你亲近恩主身旁。

莫让愧疚使你迟疑，
莫空想己身配恩；
主所要你唯一准备，
乃是知你需要他。

来吧，负重，疲惫之人，

堕落之中失丧沉沦；

若想等到自己更好，

永无机会就主恩。

我将起身归向耶稣！

他必救我脱罪愆；

凭他丰盛救赎恩典，

永生喜乐在他前。

——约瑟夫·哈特（Joseph Hart），1759年

思考与讨论

1）理解上帝的爱如何影响我们爱上帝的能力？

2）唯独因信称义如何成为基督徒生活

的根基？

3）看到上帝的恩慈与怜悯如何影响我们与他的关系？

4）对称义的误解会如何塑造我们对上帝的看法？

5）路德对上帝之爱的观点，如何揭示了我们应当怎样面对自身的失败和对恩典的需求？

经文索引

启示录

Union

我们在教会和信徒的生命中
推动改变

联合出版（Union Publishing）致力于用神学装备下一代的属灵领袖，激发他们更深渴慕上帝。我们提供包括书籍到免费在线资源在内的优质内容，旨在助力信徒生命更新，帮助教会健康成长。

我们盼望世界各地的人都能认识上帝、爱慕上帝并且以他为乐，从而荣耀他。为此，我们在免费平台上收集了数百篇文章、播客、书摘和视频内容。我们还持续创作了全新的文字、音频和视频资源，以帮助你在耶稣基督的真善美中活出更丰盛的生命。

若你希望获得更多改革宗资源，帮助

你更深地爱上帝并在基督里成长，欢迎访问我们的网站：unionpublishing.org。